BEI GRIN MACHT SICH IHR WISSEN BEZAHLT

- Wir veröffentlichen Ihre Hausarbeit, Bachelor- und Masterarbeit

- Ihr eigenes eBook und Buch - weltweit in allen wichtigen Shops

- Verdienen Sie an jedem Verkauf

Jetzt bei www.GRIN.com hochladen und kostenlos publizieren

Anna Baumgarten

Sprache und Denken

Ist Denken ohne Sprache möglich?

GRIN Verlag

Bibliografische Information der Deutschen Nationalbibliothek:

Die Deutsche Bibliothek verzeichnet diese Publikation in der Deutschen Nationalbibliografie; detaillierte bibliografische Daten sind im Internet über http://dnb.d-nb.de/ abrufbar.

Dieses Werk sowie alle darin enthaltenen einzelnen Beiträge und Abbildungen sind urheberrechtlich geschützt. Jede Verwertung, die nicht ausdrücklich vom Urheberrechtsschutz zugelassen ist, bedarf der vorherigen Zustimmung des Verlages. Das gilt insbesondere für Vervielfältigungen, Bearbeitungen, Übersetzungen, Mikroverfilmungen, Auswertungen durch Datenbanken und für die Einspeicherung und Verarbeitung in elektronische Systeme. Alle Rechte, auch die des auszugsweisen Nachdrucks, der fotomechanischen Wiedergabe (einschließlich Mikrokopie) sowie der Auswertung durch Datenbanken oder ähnliche Einrichtungen, vorbehalten.

Impressum:

Copyright © 2012 GRIN Verlag GmbH
Druck und Bindung: Books on Demand GmbH, Norderstedt Germany
ISBN: 978-3-656-42257-0

Dieses Buch bei GRIN:

http://www.grin.com/de/e-book/213636/sprache-und-denken

GRIN - Your knowledge has value

Der GRIN Verlag publiziert seit 1998 wissenschaftliche Arbeiten von Studenten, Hochschullehrern und anderen Akademikern als eBook und gedrucktes Buch. Die Verlagswebsite www.grin.com ist die ideale Plattform zur Veröffentlichung von Hausarbeiten, Abschlussarbeiten, wissenschaftlichen Aufsätzen, Dissertationen und Fachbüchern.

Besuchen Sie uns im Internet:

http://www.grin.com/

http://www.facebook.com/grincom

http://www.twitter.com/grin_com

Sprache und Denken

Ist das Denken ohne Sprache möglich?

Anna Baumgarten

Facharbeit im Fach Deutsch

2012

Inhalt

1. Einleitung 3
2. Definition von Sprache und Denken 3
3. Die Theorie „Sprache formt das Denken" 5
    3.1 Die Innere Sprachform 5
    3.2. Sapir-Whorf-Hypothese 6
    3.3 Linguistisches Relativitätsprinzip 6
    3.4 Linguistischer Determinismus 7
4. Widersprüche gegen die Theorie linguistischer Relativität 8
5. Sprachuntersuchungen 9
    5.1 Kinder-Isolierung ohne Sprache 9
    5.2. Das Denken von Gehörlosen 9
6. Fazit 10
7. Literaturverzeichnis 12
    7.1 Internetadressen: 12
    7.2 Literatur: 12

1. Einleitung

Vor vielen Jahrhunderten hat sich der Mensch während der Evolution von den Tieren hervorgehoben. Die Bezeichnung Homo sapiens (lat. hŏmō săpiēns, einsichtsfähiger bzw. weiser Mensch') wurde durch Carl von Linné 1758 in seinem Werk Systema Naturae geprägt.[1] Er unterscheidet sich in vielen Aspekten deutlich von den heute bekannten übrigen Arten der Tierwelt[2] zum Beispiel durch sein kreatives Denken, freien Willen und vor allem ist seine Kommunikationskapazität und sein großes Denkvermögen einmalig.[3] Ohne die Ausprägung von Sprache und Denken wäre der Mensch als intellektuelles Geschöpf nicht denkbar. Wir haben im Gegensatz zu den Tieren im Laufe der Zeit eine Vielzahl von Sprachen entwickelt, die wir alltäglich benutzen ohne uns im Klaren zu sein, welchen Einfluss sie auf unsere Gedanken haben könnten. Schon viele Philosophen haben über die Verbindung zwischen der Sprache und dem Denken sinniert. So wie Ludwig Wittgenstein, ein Philosoph des 19. Jahrhunderts: „Die Grenzen meiner Sprache bedeuten die Grenzen meiner Welt."[4]. Dieser stellt nun also die Hypothese auf, dass das Wissen, welches wir besitzen, und unsere Gedanken abhängig von der Sprache seien. Da stellt sich die Frage, ob das Denken ohne Sprache somit überhaupt möglich ist oder die Sprache nur ein reines Kommunikationsmittel ist, welches unsere Gedanken nicht beeinflusst? Und was versteht man eigentlich genau unter den beiden Begriffen „Sprache" und „denken"?

2. Definition von Sprache und Denken

Die Sprache ist ein Zeichensystem mit der Funktion der Verständigung und Kommunikation,[5] wodurch sie das Leben der Menschen in einer Gesellschaft erst möglich macht. Mit ihr kann man Gedanken, Ausdruck von Gefühlen oder auch Durchsetzung von Absichten laut äußern. Sie kann aus verschiedenen Elementen der komplexen Systeme der Kommunikation bestehen, (z.B. deutsche Sprache, Programmiersprache). Die Arten der konkreten Sprachen sind sehr vielfältig. Man kann sie in zwei Kategorien einteilen. Zum einen gibt es die natürlichen Sprachen. Darunter fallen die Muttersprache, die jeder Mensch als Kind aus seiner Umwelt aufgenommen hat, die Fremdsprache, die jeder im Laufe seines Lebens erlernen kann und die

---

[1] Philosophische Anthropologie im 21. Jahrhundert. (Hrsg. zusammen mit Hans-Peter Krüger), Berlin: Akademie Verlag, 2006
[2] Balluch, Martin: Kontinuität von Bewusstsein – Das naturwissenschaftliche Argument für Tierrechte. Guthmann-Peterson, 2005.
[3] http://www.marketing-und-vertrieb-international.com/jesus/evolution_schoepfung/12.htm (20.01.2012)
[4] Wittgenstein, Ludwig: *Tractatus logico-philosophicu*, Suhrkamp Verlag 1963, 5.6
[5] http://www.plantor.de/2009/kann-man-ohne-sprache-denken/ (21.01.2012)

Gebärdensprache, welche von schwerhörigen und gehörlosen Menschen genutzt wird. Zum anderen gibt es noch die künstlichen Sprachen sowie die Fachsprache, Zeichensprache oder sogar fiktive Sprachen.[6] Doch das Sprechen an sich ist nicht die einzige Ausdrucksform. Unterscheiden kann man beim Menschen auf Grund der akustischen oder optischen Informationsübertragung nach Lautsprache und Körpersprache.[7] Unsere Körpersprache besteht aus unseren Gesten, Mimik oder Haltung, welche oft leicht von unserem Gegenüber gedeutet werden können, sodass dieser unsere Gedanken und Gefühle auffassen kann.

Aber auch im Tierreich sind Zeichensysteme und kommunikative Handlungen vorhanden, die als Sprache bezeichnet werden. Sie teilen sich mit durch ihre körpersprachlichen Signale, Duftstoffe, Laute, ihrer Farbgebung u.a.. Diese Signale sind in der Regel festgelegt und oft bereits vererbt und können nicht ohne Weiteres zu neuen Bedeutungen bzw. Aussagen frei kombiniert werden.

Das Denken hingegen beschreibt alle Aktivitäten, die im Inneren, also im Geiste, eines Menschen vor sich gehen. Der Begriff kommt ursprünglich von dem indogermanischen Wort „tang" und bedeutet „empfinden, denken". Darüber hinaus ist es mit dem lateinischen Verb „tongere" verwandt, das übersetzt „kennen, wissen" heißt.[8] Das Denken wird von einigen Philosophen auch als stummes Sprechen in einer inneren, allen Menschen gemeinsamen Sprache bezeichnet, die der Philosophe Jerry Fodor auch „language of thought" (Sprache des Geistes) nennt. Aber bereits in der Philosophie des Mittelalters findet sich bereits die Idee einer Sprache des Geistes (lat.: lingua mentis), ausgehend von der These des griechischen Philosophen Aristoteles in „Alle Philosophie ist Sprachkritik" von Ludwig Wittgenstein.

Die Wahrnehmung von Menschen ist subjektiv. Über unsere Sinne wie Augen, Ohren, Haut, etc., nehmen wir Erscheinungen auf und speichern diese als ein Abbild der Wirklichkeit, mit der Sichtung von Raum und Zeit (auch Äußere und Innere Anschauung genannt). Durch unsere Urteilskraft wird die eigentliche geistige Vorstellung, die in unserem Kopf erscheint, geformt. Diese geistigen Vorstellungen können z.B. Erinnerungen, Begriffe oder Nachrichten sein, die wir analysieren und uns mit ihnen beschäftigen, um eine Schlussfolgerung daraus zu ziehen.[9] Des Weiteren können Gedanken auch reproduktiv sein, mit anderen Worten, der Mensch kann sie kaum beeinflussen. Zwar können wir Tätigkeiten wie Lesen oder Lernen

---

[6] http://www.tinohempel.de/info/info/sprachen/aufbau.htm (20.01.2012)
[7] Witzany, Guenther: Natur der Sprache – Sprache der Natur. Sprachpragmatische Philosophie der Biologie. Königshausen & Neumann, Würzburg 1993
[8] http://www.stangl.eu/psychologie/definition/Denken.shtml (22.01.2012)
[9] http://www.ib.hu-berlin.de/~wumsta/infopub/textbook/definitions/d46.html (22.01.2012)

erzwingen, doch die Art und Weise, wie wir diese Inhalte, die wir aufnehmen, in unserem Kopf verarbeiten, können wir nicht steuern. Auch Tiere sind in der Lage zu denken, doch handeln diese nur instinktiv nach ihren Trieben wie bei der Paarung oder der Nahrungssuche. Der Mensch ist also somit das einzige Lebewesen, welches das komplexe Denken beherrscht. Trotz der Triebe, die er zum Teil immer noch hat, kann er diese beherrschen und ist so in der Lage, nicht nur seinen Instinkten und Reflexen zu folgen. Er ist imstande, die Folgen seiner Handlungen einzuschätzen und zu wissen, was und warum er es tut.[10] Wie das Denken im Einzelnen abläuft, ist Forschungsgegenstand verschiedener Disziplinen der Wissenssoziologie, Ethnologie, Psychologie und Kognitionswissenschaft, welche das Denken höchst unterschiedlich betrachten.[11]

3. Die Theorie „Sprache formt das Denken"

Nicht nur heute sondern auch in der Vergangenheit beschäftigten sich schon viele Philosophen und Sprachwissenschaftler mit dem Thema, ob Sprache das Denken formen würde. Ansätze über Zusammenhänge dieser beiden Begriffe gab es bereits bei Nikolaus von Kues, Francis Bacon, John Locke, Johann Georg Hamann und Johann Gottfried Herder.[12]

3.1 Die Innere Sprachform

Geschriebene und gesprochene Sprache ist ein „Medium des Denkens und der Weltauffassung schlechthin". Diese Definition, wie sie zuerst klassisch von Wilhelm von Humboldt (1767-1835) erarbeitet wurde, geht davon aus, dass Sprache für alle komplexeren Tätigkeiten und Denkvorgänge des Menschen unverzichtbar ist. Sprache ist damit nicht erst ein „nachträgliches" Mittel zur Verständigung zwischen Menschen, sondern jede Auffassung von Dingen und Sachverhalten in der Welt ist schon sprachlich strukturiert. Dinge und Sachverhalte werden durch die sprachliche Auffassung der Welt in Sinnzusammenhänge gebracht. Der Mensch lebt demnach nicht in einer sinnlich aufgefassten Welt, über die er sich erst nachträglich und gelegentlich mittels Sprache verständigt, sondern er lebt „in der Sprache".[13] Wilhelm von Humboldt stellte somit den Begriff „Innere Sprachform" auf, der die Theorie eines festgelegten Weltbildes in einer Einzelsprache bezeichnen soll.[14] Die Sapir-Whorf-Hypothese ist einer der bekanntesten Sprachtheorien, die sich mit der von Humboldt ähnelt.

---

[10] http://www.pantheismus.de/denken.htm (22.01.2012)
[11] http://www.wurzelzieher.de/Denken.aspx (22.01.2012)
[12] http://nechodimnaprednasky.sk/nahlad-prednasky/4637/die-sprache-als-instrument-der-weltsicht (30.01.2012)
[13] Wilhelm von Humboldt: Grundzüge des allgemeinen Sprachtypus. Philo, Berlin 2004
[14] http://www2.hu-berlin.de/linguistik/institut/syntax/onlinelexikon/I/innere_sprachform.htm (07.02.2012)

3.2. Sapir-Whorf-Hypothese

Benjamin Lee Whorf (1897-1941) war ein Inspektor bei einer Versicherungsgesellschaft, der sich seine linguistischen Kenntnisse autodidaktisch, also selbständig, angeeignet hat. In den 1950er Jahren wird die Sapir-Whorf-Hypothese, veröffentlicht, die er einst aufgestellt hat und sich ebenfalls auf seinem Lehrer, den Sprachwissenschaftler Edward Sapir (1884-1939) bezieht und darum handelt, dass die eigene Muttersprache eines Menschen Einfluss auf die Weltwahrnehmung desjenigen hat.[15] Das heißt also, dass Menschen mit jeweils verschiedenen erlernten Muttersprachen ein unterschiedliches Weltbild haben. Er nimmt somit die radikalste Position ein, dass grundlegendsten Begriffe der Menschheit (Raum, Zeit, Materie) von Sprache abgeleitet werden und behauptet „Sprache forme das Denken".[16]

Die Hypothese besteht aus den beiden Thesen der Linguistischen Determinismus und des Linguistischen Relativitätsprinzip.

3.3 Linguistisches Relativitätsprinzip

Franz Boas (1858-1942), ein Anthropologe, dessen Namen oft mit Whorf und Sapir genannt wird, untersuchte die Kulturen der Eskimos und nordamerikanischer Indianer. Seinen Schülern brachte er bei, dass diese Kulturen nicht primitiv seien, sondern dass sie ein hochentwickeltes Sprachsystem hätten, durch das sie eine ganz andere, eigene Weltansicht besäßen.[17] Whorf, der sich privat sehr für die Sprache der Indianer interessierte, machte sich Besonderheiten der beiden Sprachen für seine Theorie des linguistischen Relativismus zu nutze.[18]

Das Linguistische Relativitätsprinzip besagt, dass die Grammatik unserer Muttersprache unsere Weltansicht prägt, oder wie Whorf es formuliert, „[…] dass nicht alle Beobachter durch die gleichen physikalischen Sachverhalte zu einem gleichen Weltbild geführt werden […]"[19], außer es haben alle einen linguistischen Hintergrund, der sich ähnelt. Dies trifft auf unsere indoeuropäische Kultur zu, da all die Sprachgruppen, sei es Englisch, Deutsch oder Spanisch, einen gleichen modernen Dialekt haben, in dem viele Wörter aus dem Griechischen und Lateinischen hergeleitet wurden. Wir gliedern die Natur auf, organisieren sie in Begriffe, denen wir eine Bedeutung geben, wodurch jeder in unserer Sprachgruppe ein ähnliches Weltbild hat. Die Hopi allerdings, eine nordamerikanische Indianergruppe und somit auch

---

[15] http://www2.hu-berlin.de/linguistik/institut/syntax/onlinelexikon/S/sapir_whorf_hypothese.htm (07.02.2012)
[16] http://www.psychologie.uni-heidelberg.de/ae/allg/mitarb/jf/Funke_1999_Sprache&Denken.pdf , S.7 (07.02.2012)
[17] http://www.netzgestalten.de/Frank.Hartmann/Sapir-Whorf.htm (07.02.2012)
[18] http://www.blutner.de/philos/erfahr.html (08.02.2012)
[19] Whorf, Benjamin Lee: Das „linguistische Relativitätsprinzip", aus: Sprache, Denken, Wirklichkeit – Beiträge zur Metalinguistik und Sprachphilosophie, Rohwolt Tb, Reinbek 1963, S. 8-12

eine weit entfernte Kultur, die sich unabhängig von unserer entwickelt hat, betrachtet ihre Welt komplett anders.[20] Ihre Sprache und deren Grammatik sind im Gegensatz zu unserer grundverschieden. Zum einen hat dieses Indianervolk nur einen Begriff, neben Vögel, für etwas das fliegen kann und zum anderen besitzt deren Sprache keinerlei Zeitformen, was bedeuten muss, dass die Hopi ein vollkommen anderes Zeitgefühl haben müssten.[21]

Dazu nennt Whorf noch ein Beispiel der Eskimosprache, die laut ihm über eine enorm hohe Anzahl an Wörtern für Schnee verfügen, während es im Englischen sowie im Deutschen nur eins dafür gibt.[22] Daher scheint es für die Eskimos möglich zu sein, den Schnee auf eine andere Weise zu betrachten. Sie sehen im Gegenteil zu den Menschen, die nur eine Bezeichnung dafür haben, feine Unterschiede im Schnee.[23]

Aus diesen Beispielen schließt Whorf nun darauf, dass die Unterschiede zwischen den Sprachen ebenfalls Unterschiede in den gedanklichen Strukturen bei gleicher äußerlichen Situationen aufweisen.

3.4 Linguistischer Determinismus

Whorf geht noch einen Schritt weiter in seiner Hypothese, indem er behauptet, Sprache determiniere unser Denken, demnach wäre die Menschenerkenntnis durch die Sprache bedingt. Ohne sie wäre das Denken nicht möglich und wir wären nie so weit entwickelt wie wir es heute sind. Das linguistische System ist nicht nur für das Ausdrücken der Gedanken da, vielmehr noch formt sie diese sogar. Dabei spielt die Grammatik eine große Rolle, denn wenn diese verschieden ist, so ist auch der Gedanke anders formuliert.[24] Aus eigenen Erfahrungen als Inspektor einer Versicherungsgesellschaft, erläutert Whorf einen Fall als ein Beispiel seiner These.

Man müsse sich einen Behälter vorstellen, der mit flüssigem Sprengstoff gefüllt ist und nun die Aufschrift „leer" auf sich trägt. Dennoch gab es einen Unfall, bei dem, durch die Leichtsinnigkeit der Arbeiter, dieser Behälter explodiert ist. Aufgrund der Aufschrift „leer" betrachteten sie ihn als ungefährlich, doch enthielt er noch sehr explosive Gase. Somit hätte

---

[20] Whorf, Benjamin Lee: Das „linguistische Relativitätsprinzip", aus: Sprache, Denken, Wirklichkeit – Beiträge zur Metalinguistik und Sprachphilosophie, Rohwolt Tb, Reinbek 1963, S. 8-12
[21] http://www.nzzfolio.ch/www/d80bd71b-b264-4db4-afd0-277884b93470/showarticle/44ddbdb6-48b6-4880-81c5-19789c448854.aspx (07.02.2012)
[22] http://www.netzgestalten.de/Frank.Hartmann/Sapir-Whorf.htm (07.02.2012)
[23] http://c2.com/cgi/wiki?WhorfianHypothesis (16.02.2012)
[24] http://www.blutner.de/philos/erfahr.html (08.02.2012)

eigentlich auf dem Behälter „Vorsicht! Kessel kann explosive Gase enthalten" stehen müssen, damit der Unfall hätte verhindert werden können.[25]

4. Widersprüche gegen die Theorie linguistischer Relativität

Nachdem die Theorie von Benjamin L. Whorf veröffentlicht wurde, wurden nach einiger Zeit seine Beispiele zu den Zeitbegriffen der Hopi und auch die des Wortes Schnee bei den Eskimos für seine Hypothese widerlegt. Seitdem hat Whorfs Hypothese über den Zusammenhang zwischen Sprache und Denken viele Kritiker bekommen. Darunter auch Dieter Eduard Zimmermann, ein deutscher Schriftsteller, der sich mit dem linguistischen Relativitätsprinzip beschäftigt hat und dazu eine Kritik mit dem Titel „Wiedersehen mit Whorf" im Jahre 1986 veröffentlicht hat.

Darin beurteilt er Benjamin L. Whorfs Hypothese keinesfalls positiv. Er ist der Meinung, dass Sprache dem Denken zwar helfe und die Möglichkeiten der Menschen vermehrt, aber dennoch argumentiert Zimmermann gegen alle Theorien Whorfs.

Wenn man der Sapir-Whorf-Hypothese glauben sollte, so wäre es beinahe unmöglich sich mit Menschen, die eine andere Muttersprache beherrschen, zu verständigen. Doch sind die Sprachen ineinander doch recht gut zu übersetzten und kein Mensch ist in seiner eigenen Sprache „gefangen". Selbst wenn Menschen mit verschiedenen Sprachen aufeinander treffen, können sie sich nicht zu sehr missverstehen. Die Grundbegriffe für die konkrete Welt und die Grundregel ihrer Grammatik sind für alle Sprachsysteme sehr ähnlich, daher bleibt eine Verständigung möglich, es sei denn, es geht um abstrakte Begriffe. Grundbegriffe (z.B. Wasser, Baum, Auge, etc.) trifft man in jeder Sprache an. Abstrakte Begriffe allerdings (z.B. Parameter, Aufklärung, Instanz, etc.) kann man nicht in jeder Sprache finden. Vor allem in ferneren Kulturen kann man sich sogar sicher sein, dass es diese Wörter in deren Sprache nicht existieren, doch das liegt nur an der Entwicklung und zufälligen Geschichte ihrer Kultur. Das gleiche trifft auf Whorfs Beispiel von den Eskimos zu. Wenn Kulturen einzelne Lebensbereiche feiner unterscheiden können, liegt dies an der Tatsache, dass diese Bereiche aufgrund ihrer kulturellen Entwicklung wichtig sind. Dies muss nun lange nicht heißen, dass sie dadurch ein anderes Weltbild besitzen und anders denken. Abgesehen davon wurde nun dieses Beispiel der Eskimosprache widerlegt. Es stellte sich sogar heraus, dass diese nur zwei Wörter für Schnee haben, welches eine für „liegender Schnee" und das andere für „fallender

---

[25] http://www.uni-protokolle.de/Lexikon/Benjamin_Lee_Whorf.html (16.02.2012)

Schnee" steht. Wenn man sich im Deutschen genauer mit dem Wortstamm „Schnee" beschäftigt, fällt auch auf, dass wir noch mehrere Wörter für diesen Begriff besitzen (z.b. Flocken, Firn, Harsch, Pulver, etc.).[26]

5. Sprachuntersuchungen

5.1 Kinder-Isolierung ohne Sprache

Im 13. Jahrhundert führte der römisch-deutsche Kaiser Friedrich II. von Hohenstaufen ein Experiment durch, um zu erfahren, wie sich ein Mensch ohne soziale Kontakte entwickelt und welche die wahre Sprache ist. Dazu ließ er Neugeborene in einem Raum wegsperren. Pflegemütter versorgten sie, doch war es ihnen nicht erlaubt vor den Neugeborenen zu reden oder sie zu liebkosen. Jeglicher Kontakt zur Außenwelt war verboten. Schon bald starben sie im Kindesalter.[27]

Daraus kann man ziehen, dass Menschen ihre Sprache nur durch Nachahmen erlernen und nicht schon von Geburt an besitzen. Dies könnte auch der Grund sein, warum Neugeborene nicht schon von Anfang ihres Lebens intellektuell sind. Das können sie nur im Laufe der Zeit werden, wenn sie einen größeren Wortschatz besitzen. Je größer dieser wird, desto komplexer lernen sie zu denken.

5.2. Das Denken von Gehörlosen

Gehörlos zu sein, das bedeutet ohne eine Geräuschwahrnehmung geboren zu sein. Diese Menschen wachsen auf und leben ohne jemals ein Wort gehört zu haben. Trotzdem haben sie ihre eigene Sprache, die Gebärdensprache. Sie läuft in denselben Regionen im Gehirn ab wie bei hörenden Menschen, die mit der Lautsprache kommunizieren.[28] Auch das Lesen und Schreiben können sie lernen, doch sehen sie nur das Bild aus Buchstaben, denen sie eine Bedeutung geben können. Aber sich vorstellen, wie ein geschriebenes Wort ausgesprochen wird, können sie nicht. Auch wenn es Menschen wie andere sind, nur mit einer anderen Sprache, fragt man sich, ob sie durch das Nicht-Hören anders denken.

Bei der 15. Internationalen Psychologenfachtagung in Aachen, 2009, hält Klaudia Grote einen Vortrag, der sich mit genau dieser Frage beschäftigt. Tatsächlich stellt sich durch einige

---

[26] Zimmermann, Dieter E.: Wiedersehen mit Whorf, aus: So kommt der Mensch zur Sprache. Über Spracherwerb, Sprachentstehung, Sprache & Denken. Haffmans Verlag, Zürich 1986, S.158-63
[27] http://www.wissen.de/wde/generator/wissen/ressorts/bildung/frage_der_woche/archiv_fragenanwissen.de/index,page=1306348.html (19.02.2012)
[28] http://www.visuelles-denken.de/Gehoerlos.html (19.02.2012)

Untersuchungen heraus, dass Gehörlose in der Tat ein anderes Denkverhalten aufweisen, als Menschen mit funktionierendem Gehör. Es wurde außerdem festgestellt, dass die Zeit zum Artikulieren mit 1000 Millisekunden doppelt solange dauert wie bei der Lautsprache, und trotzdem sind sie schneller im Kommunizieren durch ihre visuelle Modalität.[29]

Menschen, die viel Kontakt zu Gehörlosen haben, berichten über deren Denkverhalten, dass diese oft sehr detailreich und unwichtige Kleinigkeiten erzählen und außerdem sehr direkt sind, z.b. bei Briefen in denen keine höflich formulierten Sätze stehen, sondern sie direkt auf dem Punkt kommen, was ihr Belangen ist. Ihre Wahrnehmung der Welt ist ebenfalls anders, da für sie alles optisch verläuft. Sie nehmen Bewegungen, Schwingungen und alles was sie sehen viel mehr wahr als Nicht-Gehörlose.[30]

6. Fazit

Zwar ist die Sapir-Whorf-Hypothese heute noch sehr umstritten und die heutige Forschung tendiert dazu, die Gemeinsamkeit aller Sprachen herauszuarbeiten. Verschiedene Darstellungen von Whorf wurden, wie schon beschrieben, später widerlegt und in abgeschwächter Form neu definiert, aber grundsätzlich bleiben die Hypothesen von Humboldt und Sapir - Whorf bestehen.

Wenn Sprache unser Denken tatsächlich bestimmt, warum suchen wir manchmal nach Worten, um etwas bestimmtes zu sagen? Denn dieses auszudrückende Etwas kann ja noch gar nicht vorhanden sein, wenn es erst durch Sprache benannt wird. Und jeder kennt Situationen, in denen er etwas erkennt oder begreift, ohne es überhaupt in Worte fassen zu können. Weshalb Leute anders denken sollen, weil sie anders sprechen, auch dafür gibt unsere Alltagserfahrung keine guten Gründe. Hat uns da die Wissenschaft vielleicht belehrt, dass wir unseren alltäglichen Erfahrungen nicht trauen dürfen?[31]

Ich bin der Meinung, dass wir ohne Sprache in der Tat nicht komplex denken können. Unsere Gesellschaft hätte sich nie so weit entwickelt ohne diese Fähigkeit. Ebenso denke ich, dass je mehr Begriffe und deren Bedeutung wir lernen und je weiter sich unser Wortschatz bildet, unsere Intelligenz mehr reift. Wenn man zum Beispiel mit einem „unvorgebildeten "

---

[29] http://www.gebaerdensprache.de/2085.html (19.02.2012)
[30] http://www.visuelles-denken.de/Gehoerlos.html (19.02.2012)
[31] Benjamin Lee Whorf (1991), Sprache- Denken- Wirklichkeit, Beiträge zur Metalinguistik und Sprachphilosophie, Rohwolt Taschenbuchverlag, Reinbek bei Hamburg, 1994,

Menschen, wie einem Kind, über das Gravitationsgesetz redet, wird es nicht wissen, was gemeint ist, trotz der Kenntnis der Schwerkraft, die jeder als Kind feststellt.[32] Doch da es nicht einmal die Bedeutung des Begriffs „Gravitation " kennt, wird es nicht in der Lage sein das Gesetz zu begreifen. Nur mit Hilfe der Wörter, die es noch erlernen muss, wird es ihm später gelingen.

Dass die Sprache das Denken beeinflusst, scheint nun eindeutig zu sein, aber ob die Sprache das Denken determiniert, ist umstritten. Wie stark diese Beeinflussung tatsächlich ist, darüber wird wohl noch geraume Zeit debattiert werden.

---

[32] Whorf, Benjamin Lee: Das „linguistische Relativitätsprinzip", aus: Sprache, Denken, Wirklichkeit – Beiträge zur Metalinguistik und Sprachphilosophie, Rohwolt Tb, Reinbek 1963, S. 8-12

7. Literaturverzeichnis

7.1 Internetadressen:

- http://www.marketing-und-vertrieb-international.com/jesus/evolution_schoepfung/12.htm (20.01.2012)
- http://www.plantor.de/2009/kann-man-ohne-sprache-denken/ (21.01.2012)
- http://www.tinohempel.de/info/info/sprachen/aufbau.htm (20.01.2012)
- http://www.stangl.eu/psychologie/definition/Denken.shtml (22.01.2012)
- http://www.ib.hu-berlin.de/~wumsta/infopub/textbook/definitions/d46.html (22.01.2012)
- http://nechodimnaprednasky.sk/nahlad-prednasky/4637/die-sprache-als-instrument-der-weltsicht (30.01.2012)
- http://www.pantheismus.de/denken.htm (22.01.2012)
- http://www.wurzelzieher.de/Denken.aspx (22.01.2012)
- http://www2.hu-berlin.de/linguistik/institut/syntax/onlinelexikon/I/innere_sprachform.htm (07.02.2012)
- http://www2.hu-berlin.de/linguistik/institut/syntax/onlinelexikon/S/sapir_whorf_hypothese.htm (07.02.2012)
- http://www.psychologie.uni-heidelberg.de/ae/allg/mitarb/jf/Funke_1999_Sprache&Denken.pdf , S.7 (07.02.2012)
- http://www.netzgestalten.de/Frank.Hartmann/Sapir-Whorf.htm (07.02.2012)
- http://www.blutner.de/philos/erfahr.html (08.02.2012)
- http://www.uni-protokolle.de/Lexikon/Benjamin_Lee_Whorf.html (16.02.2012)
- http://www.gebaerdensprache.de/2085.html (19.02.2012)
- http://www.visuelles-denken.de/Gehoerlos.html (19.02.2012)

7.2 Literatur:

- Witzany, Guenther: Natur der Sprache – Sprache der Natur. Sprachpragmatische Philosophie der Biologie. Königshausen & Neumann, Würzburg 1993
- Wilhelm von Humboldt: Grundzüge des allgemeinen Sprachtypus. Philo, Berlin 2004
- Whorf, Benjamin Lee: Sprache, Denken, Wirklichkeit – Beuträge zur Metalinguistik und Sprachphilosophie, Rohwolt Tb, Reinbek 1963, S. 8-12
- Wittgenstein, Ludwig: *Tractatus logico-philosophicu,* Suhrkamp Verlag 1963, 5.6
- Zimmermann, Dieter E.: Wiedersehen mit Whorf, aus: So kommt der Mensch zur Sprache. Über Spracherwerb, Sprachentstehung, Sprache & Denken. Haffmans Verlag, Zürich 1986, S.158-63